D'AUBIGNÉ

COMÉDIE

EN DEUX ACTES ET EN VERS

PAR ADOLPHE MATHIEU

Représentée, pour la première fois, sur le théâtre du
Vaudeville, à Bruxelles, le 23 avril 1853.

ARTS

BRUXELLES

J.-A. LELONG, IMPRIMEUR-ÉDITEUR

LIBRAIRE DES THEATRES ROYAUX

RUE DES PIERRES 46

LE SOIR AU FOYER DU THÉATRE ROYAL DE LA MONNAIE

1853

DISTRIBUTION

RINFLARD (OLIVIER), premier comique grime.	MM. Tautin.
JACQUES, fermier, premier comique.	Rémond.
PIERRE, garçon d'auberge, jeune premier comique.	Hubert.
UN BAILLI, utilités.	Jamet.
UN HOMME DU PEUPLE, utilités.	Larose.
D'AUBIGNÉ, (THÉODORE-AGRIPPA), Déjazets, travestis.	Mmes Eugénie Anget.
CÉLINE, ingénuités.	Mercier.

Gens d'armes, Villageois.

La scène se passe près d'Orléans.

A

M. ÉMILE DESCHANEL.

« Un Maître d'Hôtel du Duc de Longueville s'étoit rendu mon héritier et emparé de mon bien. Je le fus trouver pour lui faire voir que je n'avois pas encore besoin d'héritier ; mais il me reçut fort mal, il ne voulut point me reconnoître, et me traitant d'imposteur, il me dit, me soutint en face, et offrit de le prouver, que j'avois été tué au combat de Savignac, et qu'il en fourniroit de bonnes attestations...

Mon Fermier, qui me vint voir, me reconnut bien pour Théodore Agrippa d'Aubigné, à la cicatrice qui m'étoit restée d'un charbon au coin du front, lorsque je fus atteint de la peste à la grande contagion d'Orléans : mais le pendart... ne fit pas semblant, et me traita aussi bien que les autres d'infame imposteur, pour s'exempter de me payer trois années d'arrérages de son bail. qu'il me devoit... Je me fis porter par bateau à Orléans,... *Je me présentai* devant les Juges, qui me permirent de plaider moi même ma cause ; ce que je fis en termes si pathétiques, et j'exposai ma misère d'une maniére si touchante, que mes Juges justement irritez contre mes Parties, s'étant levez de leurs places, s'écriérent tous d'une voix qu'il n'y avoit que le Fils du feu Sieur d'Aubigné qui pût parler ainsi... »

Mémoires de la vie de Théodore-Agrippa d'Aubigné.
Amsterdam, 1731. in-12.

D'AUBIGNÉ

COMÉDIE. *

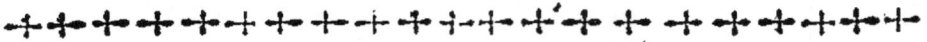

ACTE I

Avant-cour d'auberge. Au premier et au deuxième plan à droite, une grand'porte surmontée d'une enseigne. Une autre porte du même côté, au troisième plan. Au fond, une
porte ouverte. Un mur de clôture assez bas pour laisser
apercevoir au dehors un monticule. Accessoires : tables,
chaises, livres, verres, pots, ustensiles de ferme.

SCÈNE PREMIÈRE.

PIERRE, CÉLINE.

PIERRE

Allons donc, laissez-moi, vous voulez m'amuser.

* Observer l'ordre des personnages en commençant par la
droite de l'acteur. Les changements de place qui ont lieu
dans le cours des scènes sont indiqués par des renvois au
bas des pages.

CÉLINE

Non, Pierre, car je l'aime et tiens à t'épouser
Malgré toi, malgré tous; mais montre-toi plus sage.
Le chagrin n'est souvent qu'un oiseau de passage.
Bientôt il sera loin.

PIERRE

Toujours même chanson.

CÉLINE, *d'un ton de reproche.*

Même doute toujours.

PIERRE

Non, je mourrai garçon
Comme défunt mon père; et le vôtre, Céline,
Aura rendu ma mère avant l'âge orpheline;
Elle, à qui cet espoir, hélas! avait souri
Qu'il daignerait enfin m'accepter pour mari!

CÉLINE, *riant.*

Pauvre Pierre! toujours plus bête!

PIERRE

Je dessèche
Et rabougris, voyez, comme un noyau de pêche.
Oh! c'est fort triste à dire, allez, le cœur me fend.

SCÈNE II

CÉLINE, RINFLARD, *sortant de la porte du premier
et du deuxième plan à droite.* PIERRE, *au deuxième plan à droite.*

RINFLARD

Voulez-vous bien, maraud, quand on vous le défend,

Ne pas bouger de place! Allons, à là besogne.
J'attends pour ce matin deux pièces de Bourgogne,
Trois de Bordeaux et six de Champagne. Apprêtez
La cave, et trève enfin à vos témérités
Ou sinon vous verrez si j'y vais de main morte.

      A lui-même.

J'aurais dû m'en défaire et le mettre à la porte,
Mais je suis trop humain, trop bon, trop indulgent;
Puis, il faut bien le dire, il n'est pas exigeant
En fait de gages. Rien, ou presque rien. J'augure
Que parmi ses pareils il fait triste figure,
Mais que m'importe! il sert pour l'honneur de servir,
Et c'est un procédé qui me chausse à ravir.

      A Céline.

Écoute et retiens bien mes paroles expresses,
Ma fille. A m'obéir jamais tu ne t'empresses,
Je le sais. Mais, mordieu! renonce à cet hymen.
Cherche où tu le voudras à qui donner ta main,
J'y souscris; on n'est pas un Géronte intraitable :
Ce qu'il me faut, ce n'est qu'un gendre plus sortable.
Point de *si*, point de *mais*, car je ne veux pas, moi,
Qu'un pareil va-nu-pieds ose penser à toi.
Je suis riche, il n'a pas un sou vaillant en somme.
Tâche à te pourvoir mieux.

           Il rentre.

SCENE III.

CÉLINE, PIERRE.

PIERRE

Oh! quel homme! quel homme!
Il est riche!

CÉLINE

Et toi donc, si mon cœur t'appartient?

PIERRE

Il n'est pas si longtemps que ce mal là le tient.
Ne l'ai-je pas connu naguère, *à la Main bleue*,
Tirant, comme l'on dit, le diable par la queue,
Jusqu'au jour (et ce jour je le maudis encor)
Où le démon lui fit découvrir ce trésor
Dont il acquit plus tard la maison que mon père
Allait quitter! Voilà ce qui me désespère
Qu'il soit riche.

SCENE IV

D'AUBIGNÉ *entrant par le deuxième plan à gauche,*
CÉLINE, PIERRE.

D'AUBIGNÉ

Holà! hé! quelqu'un! chien de pays!
Et comme de me voir ils semblent ébahis!
Doux climat, sol natal de Jeanne... et du vinaigre,
Est-ce qu'ils me prenaient par hasard pour un nègre
Blanc? ou n'avaient-il vu (j'incline à le penser)
Jamais devant leur porte un cavalier passer?
Du vin, et du meilleur! Mon cheval, qu'on l'héberge.
Une fille céans! Une Vénus d'auberge,
Sans doute. Elle est, ma foi, très-bien, et dans Paris
Manquerait peu d'amants... à défaut de maris.
Voyez donc comme Dieu protège l'innocence!
Dix-sept à dix-huit ans, maintien plein de décence,
Taille élégante, œil vif, minois frais et coquet.
J'aurais fait quelques vers là-dessus, un bouquet

A Chloris, dans le temps où ma jeune cervelle
Enfantait chaque jour une pièce nouvelle,
Et que je me croyais, mais là, bien fermement,
Du Parnasse français le plus bel ornement.

CÉLINE

Quel est le bon plaisir de votre seigneurie,
Cavalier?

D'AUBIGNÉ, *à la cantonade.*

Mon cheval d'abord à l'écurie.
C'est un vieux compagnon dont il faut prendre soin.
De la paille à plein ventre et de l'orge et du foin;
Vite et tôt. Dépêchons. Nous partons dans une heure.
Allez. C'est bien ici, la belle, que demeure
Maître Olivier Rinflard?

S'approchant de Céline et lui prenant la taille.

L'heureux coquin, ma foi,
D'avoir à son service un bijou tel que toi!

CÉLINE

C'est mon père, monsieur.

D'AUBIGNÉ

Son père! A son image
Certe, il ne l'a point faite.... et c'eût été dommage!
Le hasard ne pouvait mieux conduire tes pas,
Mon gaillard. C'est ici qu'il demeure, est-ce pas?

CÉLINE

C'est bien ici, monsieur.

D'AUBIGNÉ

Plus blanche colombelle

Ne se vit onc, je crois.

Faisant mine de l'embrasser.

Peut-on, la toute belle...

PIERRE, *intervenant*.

On ne peut pas, monsieur.

D'AUBIGNÉ

Quel est donc ce manant?

PIERRE

Grand Pierre.

D'AUBIGNÉ

Je te trouve assez impertinent,

L'ami!

PIERRE

Je ne suis pas votre ami.

D'AUBIGNÉ

Veux-tu, drôle?...

PIERRE

Je vous l'ai dit, je ne veux pas.

D'AUBIGNÉ

Sur ma parole,

La main me démange, et...

PIERRE

La mienne est bonne.

D'AUBIGNÉ

Un mot

De plus...

CÉLINE, *intervenant.*

Eh! Pierre...

PIERRE

Bon! par un pareil marmot
Te laisser cajoler, puis prendre sa défense!

D'AUBIGNÉ

Tu paîras de ton sang, ventregué, cette offense.
En garde!

Il dégaine.

PIERRE, *levant sa faux.*

En garde, soit; voyons.

D'AUBIGNÉ, *se ravisant.*

Ah! c'est ainsi
Que l'on reçoit ses gens! Poufardious! grand merci.

A part.

J'allais faire vraiment une belle équipée.
Un mari!

PIERRE

Pas encor, monsieur l'homme à l'épée;
Et sans doute jamais, hélas!

D'AUBIGNÉ

Mais d'où, mon gars,
Alors cette colère et ce manque d'égards?

CÉLINE

Excusez-le, monsieur. Que voulez-vous! il m'aime!

D'AUBIGNÉ

Je le crois bien, corps-Dieu, puisque j'en fais de même.

CÉLINE

Oh! vous, c'est autre chose.

D'AUBIGNÉ

Et comment, s'il vous plaît?

CÉLINE, *baissant les yeux.*

Nous nous... aimons.

D'AUBIGNÉ

L'aveu de tous points est complet.
Si bien que je n'ai plus, comme un sot en trois lettres...

PIERRE

C'est vous qui l'avez dit, plusqu'à trousser vos guêtres.

D'AUBIGNÉ

Pas encore pourtant. A quand la noce?

PIERRE

Mais...

CÉLINE

Mon père nous défend de nous revoir jamais.

D'AUBIGNÉ

Pourquoi?

CÉLINE

Parce qu'en tout, et surtout en ménage,
Le bonheur, sans argent, bien vite déménage...

PIERRE, *continuant.*

Parce qu'il s'est fait riche et que moi je n'ai rien,
Parce que je ne suis à ses yeux qu'un vaurien,
Parce que je n'ai plus aujourd'hui, pauvre Pierre,

Qu'à me jeter à l'eau la tête la première.
Croyez-le bien, monsieur, c'est un rude trépas,
Et cette pauvre enfant ne me survivra pas,
Ni ma mère non plus.

D'AUBIGNÉ

Il est modeste! Jure

Que tu l'aimes.

PIERRE

Monsieur! vous me faites injure.

D'AUBIGNÉ

Et que tu la rendras heureuse.

PIERRE

Oh! pour cela,

Je le promets.

D'AUBIGNÉ

Eh bien! prends-la donc, la voilà.

A lui-même.

Que je répare ainsi ma folle étourderie.

Haut.

Touchez là, vertu-Dieu, ce soir je vous marie.

A part.

L'argent! toujours l'argent! il n'est que ce levier
Pour soulever le monde. A nous, maître Olivier.
Aussi bien ce trésor que m'a laissé ma mère
Ne serait dans mes mains qu'un secours éphémère.
Puis-je mieux l'employer qu'à faire des heureux!
L'argent gêne en voyage et l'argent est peureux

A la guerre. Mieux vaut à cette loterie
Ne risquer que ses jours.

Haut.

C'est dit, je vous marie.

PIERRE

Est-ce que par hasard sa tête...

D'AUBIGNÉ

Sois sans peur.

Apercevant Rinflard dans l'intérieur de la maison.

Mais voici justement maître Olivier. Trompeur
Je ne le fus jamais, tant s'en faut! A l'armée
Ma franchise de tous au contraire est blâmée;
Tout la trahit : un mot, un sourire, un coup-d'œil.
Cela me nuit parfois, mais j'en ai fait mon deuil.
Que voulez-vous? chacun a son mauvais génie.
Je reviendrai ce soir pour la cérémonie.

A Pierre.

Ah! tu doutes encor? tu doutes? tu vas voir.
Fais que maître Olivier puisse me recevoir,
Et vous saurez, enfants, si j'en vaux bien un autre,
Quelque incrédulité que soit ici la vôtre.
Qu'il apporte l'argent qu'en ses mains j'ai laissé
Voilà trois ans déjà. Dis que je suis pressé.
Dans un instant je pars. Qu'il se hâte.

Pierre sort par la porte du deuxième et en troisième plan
à droite.

21 ANNÉE. 29   2

SCENE V

D'AUBIGNÉ, CÉLINE.

D'AUBIGNÉ, *à la cantonade.*
      Qu'on selle
Mon cheval ! **A** bientôt, la gente damoiselle.

SCENE VI

CÉLINE.

C'est qu'il est bien, très-bien, ce jeune cavalier!
Le geste prompt, hardi, quelque peu familier,

Mais le cœur excellent. Non, les plus grandes dames
De la cour, enchaînant et marquis et vidames
A leur char, n'ont jamais dans les plus nobles rangs
Vu pareil damoiseau parmi leurs soupirants,
Et, si l'on n'était pas de sa vertu coiffée,
Pour un premier début quel opime trophée!
Combien de ces tendrons ont fait plus d'un faux pas,
Pour de brillants seigneurs qui ne le valaient pas!
De quoi! voulez-vous bien vous taire, péronnelle!
Au moment de promettre une flamme éternelle
A de pareils propos se laisser entraîner!
Que cela prêterait matière à cancaner
Si jamais!... Il faut donc dès qu'on entre en ménage
Feindre de s'abstenir du moindre badinage?
Oh! non; plus le péril au contraire est flagrant,
Plus de nous en garer notre mérite est grand,
Que je pense. Voyons, dirait-il vrai? Mon père
Changera-t-il d'avis? je ne sais, mais j'espère.
Attendons. Espérer est si doux après tout!

SCENE VII

D'AUBIGNÉ, RINFLARD.

D'AUBIGNÉ

J'en ai vu des plaisants, et de moins mauvais goût,

Qui n'ont pas près de moi longtemps joué leur rôle
Sans qu'un revers de main leur coupât la parole.
Ah! je ne suis pas moi! Le trait est par trop fort.
Mais crains les revenants, fourbe, si je suis mort,
Car mon ombre au tombeau n'est pas si bien cloîtrée
Que, mort, pour te punir je n'en force l'entrée.
Réfléchis; ne mets pas ma patience à bout.

                    Il sort par la porte du fond.

SCENE VIII

RINFLARD.

Non, j'aime mieux encore exposer mon vatout,
Et vous avez compté, monseigneur, sans votre hôte.
Moi, qui pouvais ici marcher la tête haute,
Qu'encensait un chacun comme un soleil levant,
Qui, moi, redevenir. Gros Jean comme devant
Pour ce petit morveux qui soudain ressuscite
Lorsque je le croyais au fin fond du Cocyte,
Comme il dit... dans la langue immortelle des Dieux!

Quoi de plus incroyable — et de plus odieux —
Que par un freluquet, qu'on n'a vu de sa vie
Qu'une fois, la fortune ainsi vous soit ravie!
Soyons homme, sachons d'un courage viril
Faire tête au destin dans ce nouveau péril.
Dieu qui nous inspirez, dites si je m'abuse :
Est ce ma faute, à moi, qu'un bon coup d'arquebuse
Ne l'ait pas raide mort laissé sur le carreau?
Est-ce ma faute, à moi, s'il revient (le bourreau!)
M'arracher aujourd'hui plus que le cœur peut-être,
Le dépôt dont j'aimais à me croire le maître?
Que ne gardait-il son argent? et pourquoi
Ce démon tentateur s'emparait-il de moi !
Que ne me laissait-il, pauvre, gagner ma vie
Des labeurs de ma main à la glèbe asservie,
Avec mes premiers goûts et dans l'égalité
Que chez vous, ouvriers, maintient la pauvreté?
Que ne me laissait-il besogneux dans ma sphère,
Sans me donner cet or dont je n'avais que faire,
Cet or, devenu mien par la possession,
Cet or, ma véritable et seule passion
Maintenant que j'ai pris goût à la jouissance !
Est-ce ma faute, à moi, si, pendant son absence,
Il m'est venu, ce goût? à lui l'unique tort.
Pour moi je n'en puis mais, pardieu, s'il n'est pas mort.
Mais comment de nouveau lui soutenir en face...
De l'audace, Olivier, puis encor de l'audace,
De l'audace toujours. Revenir sur tes pas,

Impossible!... qu'il soit mort ou ne le soit pas.

Il rentre par la porte du premier et du deuxième plan à
droite.

SCENE IX

PIERRE, CÉLINE.

PIERRE

Céline...

CÉLINE

Pierre...

PIERRE

Eh bien! que crois-tu de son dire?

CÉLINE

Quant à moi, j'aime mieux espérer.

PIERRE

Le beau sire

Pour vouloir opérer pareil miracle !

CÉLINE

Bon,

Il est si convaincu que je ne dis pas non.

PIERRE

Nous verrons plutôt l'eau remonter vers sa source,
L'escargot dépasser le cheval à la course,
Et se rencontrer là, face à face en chemin,
Les tours de Saint-Aignan leurs cloches à la main.

CÉLINE

Incrédule!

PIERRE

Non pas, je suis bon catholique,
Mais tous ces galantins me donnent la colique.
Puis, n'a-t-il pas voulu l'embrasser!

CÉLINE

Voyez ça!

Le grand mal!

PIERRE

Je crois bien même qu'il l'embrassa.
Oh! si j'en étais sûr! car songez-y, madame,
Ce n'est pas pour autrui que Pierre prendra femme;
Il ne sera jamais de ces maris qu'on voit
Souffrir placidement d'être montrés au doigt,
Et s'opiniâtrer, débonnaires natures,
A ne comprendre mot de leurs mésaventures.

CÉLINE

Qui sait?

PIERRE

Comment! qui sait! Oh! je vous promets bien...

CÉLINE

Il ne faut, mon pauvret, jamais jurer de rien,
Et le cœur d'une femme...

PIERRE

Est là qui pirouette
Tournant à tous les vents, comme la girouette,
Sitôt que par un bout on croit l'avoir fixé.
Vous m'en voyez, Céline, horriblement vexé;
Et, n'était mon amour, je crois, Dieu me pardonne...

CÉLINE

Qûe vous méritez bien la peine qu'on se donne
Pour être à vous! Rompons, ce sera plus tôt fait,
Puisque vous ne voulez rien entendre.

PIERRE

En éffet,
Je devrais, comme tant... d'autres, prendre la chose
A gré, patienter qu'à mes dépens on glose.
Morbleu!

CÉLINE

Vous êtes fou!

PIERRE

Mieux vaut n'être, à mon sens,
Que cela. Je les hais, ces riches, ces puissants
Qui pour toucher ton cœur...

CÉLINE

Tais-toi, la place est prise.

Jacques paraît.
Éloignons-nous, on vient.

PIERRE

Craignons quelque surprise.

SCENE X

JACQUES, *avec un sac d'argent.*

Est-ce bien mon auberge?
Lisant l'enseigne.
Au Cerf. On en voit tant
Dans ce village! mais c'est bien ici pourtant.
La première traverse à droite, la seconde

A gauche, le moulin dont la cascade gronde,
La fenêtre espagnole en face du poteau,
C'est ici. Monseigneur voyage incognito
Sans doute. Il a raison, car dans ces temps de guerre
Pour vous tuer son homme on ne se gêne guère.
Plus d'un s'en est tiré le poignard dans le sein,
Et pour les huguenots le pays est malsain.
Mais ce ne sont pas là mes affaires. — La somme
Est rondelette... Ah! bah! c'est un si galant homme
Que monseigneur! N'importe, il eût valu bien mieux
Que cet argent restât dans sa niche. Mes yeux
Éprouvaient à le voir un tel délice! Jacques,
Pense donc, mon garçon, qu'il faut faire ses Pâques
Et que la convoitise est un péché mortel.

SCENE XI

JACQUES, RINFLARD.

JACQUES

Eh! mais, c'est Olivier, le gros maître d'hôtel,
  Lui frappant sur le ventre.
Le compère Olivier.

RINFLARD
La santé! toujours bonne?

JACQUES

Gai, gros et fleuri comme un docteur de Sarbonne.
Ce que c'est d'être riche, et qu'injuste est le sort
De ne m'avoir pas fait riche aussi!

RINFLARD
C'est un tort

Facile à réparer quand on sait bien s'y prendre.
Mais que se passe-t-il que tu nous viens surprendre
Sans rien dire? Voyons, qui t'amène?

JACQUES

Un paîment
A faire à monseigneur d'Aubigné.

RINFLARD

Quoi! comment?
Que signifie?

JACQUES

Il vient pour toucher ses fermages
Et de la guerre encor réparer les dommages
A nos dépens. J'ai là, bien comptés, Dieu merci,
Les trois termes échus depuis huit mois.

RINFLARD

Ceci
Dérange mes projets. Que devenir? que faire?...
Buvons, Jacques, après nous causerons d'affaire,
Si tu veux. — Que c'est bon, Jacques, d'avoir à soi
Terres, fermes, châteaux...

JACQUES, *trinquant.*

A toi, compère.

RINFLARD

A toi,
Jacque. On est riche, on est, vois-tu, seigneur et maître
A son tour.

JACQUES

Hélas! oui.

RINFLARD

Je me souviens de m'être

Vu pauvre aussi. J'étais triste, sombre, abattu,
Morose et dégoûté de vivre.

JACQUES

Que veux-tu,
C'est notre lot à nous!

RINFLARD, *insidieusement*.

Et si, par aventure,
La fortune, toujours volage par nature,
Te riait! si le sort n'avait pas épargné
Aux champs de Savignac le petit d'Aubigné?
S'il était mort enfin? si de ton coin de terre
J'étais moi, maintenant, le seul propriétaire,
Et si je te disais : tes trois ans de loyer...

JACQUES

Eh bien?

RINFLARD

Nul ne peut plus te les faire payer
Que moi?

JACQUES

Que dites-vous?

RINFLARD

Et j'en donne quittance?

JACQUES

Comme je mènerais rondement l'existence,
Et comme je boirais, compère, à ta santé!

RINFLARD

Tout cela, si tu veux, c'est la réalité.

JACQUES

Comment?

RINFLARD

Ce d'Aubigné, brave et preux gentilhomme,
Aux champs de Savignac repose d'un long somme.
Pour la gloire et pour nous il avait assez fait.

JACQUES, *tirant une lettre de sa veste.*

Mais puisqu'il m'écrit...

RINFLARD

Brute! on aura contrefait
Sa signature.

Examinant la lettre.

Oh! non, non ce n'est pas la sienne.

JACQUES

On ne contrefera du moins jamais la mienne,
Et pour cause.

RINFLARD

Un croquant, un pendart éhonté
Ose prendre son nom.

JACQUES

Je m'en étais douté!

RINFLARD

Mais toi, que l'injustice à bon droit exaspère,
Qui connus d'Aubigné tout jeune chez son père,
Pour éventer la mêche à propos tu nous viens.
Tu gardes ton fermage et je garde les biens...
On le chasse, on le hue, en triomphe on te porte,
Puis nous buvons rasade.

JACQUES

Oui, le diable m'emporte,
On ne peut dire mieux. Le tour est des meilleurs.

RINFLARD

Et qu'il aille, s'il veut, se faire... plaindre ailleurs!

JACQUES

C'est cela.

RINFLARD

Mais on vient! surtout, de la prudence.

SCENE XII

RINFLARD, JACQUES, D'AUBIGNÉ, LE BAILLI,
VILLAGEOIS, etc., *entrant par la porte du
troisième plan à droite. Jeu de scène
continu entre Rinflard et Jacques.*

D'AUBIGNÉ

Venez, messieurs, je vais mettre à nu l'impudence
De ce fripon fieffé, car voici justement
Mon fermier, qui de moi peut parler savamment.
Sus, ici, maître Jacque, et fais-moi reconnaître.
A l'hôtel Saint-Maury ne m'as-tu pas vu naître,
Près de Pons, quand mourut ma mère, — pressentant
Les malheurs à venir sans doute en me quittant.
Ma pauvre mère dont une femme étrangère
Prit si vite la place... une horrible mégère! —
Ne m'as-tu pas souri cent fois sur les genoux
De mon père — réponds — quand tu venais chez nous
Acquitter ton rendage, et que ta barbe grise
(Sans m'effrayer au moins!) excitait ma surprise?
Quand, à califourchon sur ton bâton pointu,
Je jouais au soldat? réponds, t'en souviens-tu?

JACQUES

Mais...

D'AUBIGNÉ

Et du porche ouvert où tu laissais ta mule?
Et de maître Cottin, ton gracieux émule
Au noble jeu de l'oie? et de dame Marton
Qui pour te réveiller te pinçait le menton
Lorsque tu t'endormais les coudes sur la table?

JACQUES

L'histoire, à parler franc, est assez véritable,
Mais celui que monsieur berçait sur ses genoux,
Le petit d'Aubigné, non, ce n'était pas vous.

D'AUBIGNÉ

Comment!

JACQUES

Vous prétendez en vain m'en faire accroire,
Mais j'y vois clair encor, monsieur, même après boire.

D'AUBIGNÉ

Quoi! tu méconnaîtrais le petit Agrippa,
Jacques!

JACQUES

J'ai bien connu monsieur votre papa,
Mais son fils n'était pas plus haut que cette chaise,
Et vous avez cinq pieds.

D'AUBIGNÉ

C'est que, ne te déplaise,
J'ai grandi depuis lors, imbécile.

JACQUES

Nenni;

Ce n'est pas vous, monsieur.

D'AUBIGNÉ

As-tu bientôt fini
Avec tes arguements de me rompre la tête?
Es-tu fourbe, imposteur... ou si tu n'es que bête?

JACQUES

De moi, je le vois bien, on se moque céans.

D'AUBIGNÉ

Te souvient-il, nigaud, du siége d'Orléans,
De cette marque au front que me laissa la peste?
Dis, me reconnais-tu, maintenant! Malepeste,
Quand tu m'auras ainsi longtemps dévisagé
Et de la tête aux pieds des yeux interrogé,
Imbécile ou fripon, tu répondras peut-être.
Dis, me reconnais-tu, veux-tu me reconnaître?

LE BAILLI

Répondez, c'est un point qui doit être éclairci.

JACQUES

Le petit d'Aubigné, ce n'est pas celui-ci,
J'en suis sûr.

D'AUBIGNÉ

Eh! bien, moi, qui suis-je donc, infâme!
Oh! je la déjoûrai cette odieuse trame,
Et de ces deux coquins je me ferai raison.
C'est d'une perfidie et d'une trahison
Sans exemple! Du moins je saurai les confondre.
Aux juges d'Orléans vous aurez à répondre
De ce hardi complot pas plus tard que demain.

JACQUES, *toujours incité par Rinflard.*

J'ai dit vrai. La preuve est que j'en lève la main.

LE BAILLI

Force reste au bon droit, messieurs.

D'AUBIGNÉ

Sur ma parole,

Vous ne serez jamais, bailli, qu'un sot.

LE BAILLI, *aux villageois.*

Le drôle

Ose insulter, manants, l'organe de la loi!

A moi, mes bons amis, mes gens de ferme, à moi!

Qu'on l'arrête.

D'AUBIGNÉ *s'esquivant.*

Et le sot le plus sot qu'on renomme.

Bonsoir, bailli.

On le poursuit; il se fait jour avec son épée.

Manants!

UN VILLAGEOIS, *quand d'Aubigné a déjà gravi le monticule extérieur.*

Holà! hé, monsieur l'homme,

Monsieur l'homme aux grands airs, vos dupes cherchez·

[les

Plus loin.

LES VILLAGEOIS.

Vive monsieur le bailli!

D'AUBIGNÉ *au haut de la montagne.*

Plats valets!

LE VILLAGEOIS.

Une autre fois du moins menez mieux une intrigue...

LES VILLAGEOIS.

Vive...

D'AUBIGNÉ, *disparaissant.*

Vive le Roi, cuistres!

LE BAILLI, *solennellement, s'entourant de tous les villageois.*

Vive la Ligue!

FIN DU PREMIER ACTE.

ACTE II.

SCENE PREMIÈRE.

CÉLINE, *parlant et chantant tour à tour.*

Ils ne reviendront pas!

Mignonne, allons voir si la rose,
Qui ce matin avoit desclose

Sa robe de pourpre au soleil,
A point perdu ceste vesprée
Les plis de sa robe pourprée,
Et son teint au vostre pareil.

Que le temps aujourd'hui
Se traine pesamment dans son cours!

Las! voyez comme en peu d'espace,
Mignonne, elle a dessus la place,
Las, las, ses beautez laissé cheoir!
O vrayment marastre Nature,
Puis qu'une telle fleur ne dure
Que du matin jusques au soir.

Quel ennui
D'attendre!

Donc, si vous me croyez, mignonne,
Tandis que vostre âge fleuronne
En sa plus verte nouveauté,
Cueillez, cueillez vostre jeunesse :
Comme à ceste fleur, la vieillesse
Fera ternir vostre beauté. (1)

Il se fait tard. Où sont-ils? La journée
Tire à sa fin déjà. L'affaire est terminée,
Sans doute.

Douce liberté désirée,
Déesse, où t'es-tu retirée,
Me laissant en captivité?
Hélas! de moy ne te détourne!
Retourne, ô liberté, retourne,
Retourne, ô douce liberté!

(1) *Ronsard.*

Quel charme ou quel dieu plein d'envie
A changé ma première vie,
La comblant d'infélicité?
Et toy, liberté désirée,
Déesse, où t'es-tu retirée?
Retourne, ô douce liberté! (2)

Efforçons-nous de lire. *Le Printemps
D'Aubigné.* — Que c'est long de compter les instants!
Plus je relis ce livre et moins je m'imagine
Qu'il ne soit pas de noble et puissante origine,
Qu'il ait sous un faux nom publié de tels vers.
Celui-là n'est hâbleur, intrigant ni pervers,
Qui s'inspire à ta source, ô sainte Poésie,
Déesse aux chants plus doux que la douce ambroisie!
Oh! la Muse a cela d'admirable en fait d'art
Qu'elle a toujours parlé comme une langue à part,
Qu'en rien, quelle que soit la forme qu'elle ait prise,
Les sots et les méchans ne l'ont jamais comprise.
Non, non, mille fois non, celui-là ne ment point
Dont peuvent les écrits m'émouvoir à ce point.

SCENE II

CÉLINE, PIERRE.

PIERRE

Je vous l'avais bien dit, dans sa débine extrême,
Que Pierre n'avait plus qu'à se périr lui-même,

(2) *Desportes.*

Et que tous les démons ensemble conjurés
Ne nous porteraient pas des coups plus assurés!
Ce que c'est que de nous quand le malheur nous cingle
Il ne tomberait pas de là-haut une épingle
Qu'elle ne me vînt là juste au milieu de l'œil.
Ce nouveau protecteur, dans son risible orgueil,
Ne te semblait-il pas qu'il allait tout abattre
Promettre, soutenir, faire le diable à quatre,
Puis crac... gagner au large alors qu'on parle haut!

CÉLINE.

Pierre, l'ingratitude est un vilain défaut,
Croyez-moi.

PIERRE.

Prendre ainsi la poudre d'escampette !...

CÉLINE.

Méchant!

PIERRE.

Et déloger sans tambour ni trompette!
Que voilà bien les gens qui s'avancent toujours!

CÉLINE.

Puisses-tu dire vrai! Moi, je crains, aü rebours,
Pierre, que tout ceci ne soit un peu bien louche.

PIERRE.

Quand il suffit d'un mot pour lui fermer la bouche!

CÉLINE.

Oh! non, car de quels feux son regard foudroyait,
Et quel ton menaçant même alors qu'il fuyait!

PIERRE

Mais puisqu'il est défunt, que veux-tu davantage?

CÉLINE

Tiens, je donnerais, moi, ma part de l'héritage
Pour que ceci finît ou n'eût pas commencé.

PIERRE

C'est vrai qu'il avait l'air un peu bien courroucé;
Mais bah! un huguenot! Satan même en personne!
Vantards sempiternels que rien ne désarçonne
Dans leur aveuglement et leur présomption!
Mécréants! Faites foi sur sa protection,
Quand nous ne pouvons plus nous voir même en cachette.

CÉCILE

Mais je vivrai toujours pour toi seul.

PIERRE

O bichette,
Que l'on reconnaît bien à ce beau mouvement
La femme inviolable à son premier serment!
Redis, redis encor cette parole sainte
Qui verse tant de miel dans mon verre d'absinthe
Suisse! Redis encor que tu m'aimes, redis
Ces mots avant-coureurs pour moi du paradis,
Ces mots qui me font voir à travers deux cents cierges
Le chœur resplendissant des onze mille vierges...
Car elles sont là-haut onze mille, tu sais?

CÉLINE

Ça, tu ne m'as rien dit encore du procès.
Comme est-ce que mon père a pris cette algarade?

PIERRE

Avec aplomb d'abord; mais, quand le camarade
Étranger, qui n'avait pas desserré les dents,

Eut repris sa superbe et ses grands airs fendants,
Lorsque pour se défendre il eut ouvert la bouche,
— On aurait entendu dans la salle une mouche
Voler — maître Olivier trépignait sur son banc,
Jacques laissait son front dans ses mains retombant,
Et notre homme faisait si bien jouer sa langue
Que je n'entendais plus un mot à sa harangue.
C'était comme un français qui n'est pas du français,
Je ne sais quel jargon qui visait au succès.
Si borné que l'on soit au village, à tout prendre
On y parle du moins pour se faire comprendre,
Mais au Palais! fi donc, ce serait déroger!
Puis, comme tout exprès pour nous faire enrager,
Un grand monsieur noir, chauve et louche et presque
                                    [aveugle,
Criait à tout propos, comme un taureau qui beugle,
Silence! quand lui seul sans cesse interrompait;
Tandis qu'à dessiner un autre s'occupait,
Arrondissant des yeux de grandeurs non pareilles,
Et tant, que j'en avais par dessus les oreilles,
Ou, pour changer, risquant des oreilles, grands Dieux!
Telles qu'il m'en sortait ensuite par les yeux;
Et tout cela sans choix, au hasard, de bricole,
Comme un franc écolier qui s'endort à l'école,
Ne sachant même plus ce que le maître dit.
J'étais là comme un terme, et debout, interdit,
M'efforçant de happer quelques mots au passage,
J'y faisais d'auditeur un triste apprentissage,

Je t'assure, et trouvais que de ces beaux discours
Les meilleurs pourraient bien n'être que les plus courts.
Les juges écoutaient avec des yeux, ma chère,
Plus grands écarquillés qu'une porte cochère,
Comme des gens qui n'ont de leurs jours entendu
Plaideur plus arrogant et plus mal défendu.
Il allait entassant mensonge sur mensonge,
Leur parlait de Letang (sa mère), de Saintonge
(Le château paternel), de Pons, de Saint-Maury...
Et d'un ton que j'en suis encor tout ahuri.
Bref, ne comprenant rien à ses billevesées,
Je m'en suis en allé les oreilles brisées,
Et tout mon désespoir, hélas! s'en est accru!

SCENE III

CÉLINE, D'AUBIGNÉ, PIERRE.

PIERRE

Mais c'est lui, sur mon âme!

D'AUBIGNÉ

Ah! ah! vous avez cru

Qu'au moment du danger je quittais la partie!
Allons, détrompez-vous, enfants. — Fausse sortie,
Voilà tout.

      A lui-même.

          Quel triomphe! et comme c'était dit!
Quel ton! quelle chaleur! quel langage érudit!
O ma vocation! pourquoi l'avoir faussée?
Mon véritable glaive, à moi, c'est la pensée,
Ces accents vigoureux par qui la vérité
Se manifeste enfin dans toute sa clarté.
Mon chemin était là, car mon cœur me l'indique.
Triste temps que le nôtre, où la raison abdique
Devant cet argument, à nos mœurs assoupli,
De la force brutale et du fait accompli!
Ah! bah! j'aurai du moins, en défendant ma cause,
Montré qu'au résumé

                Se frappant le front.

            j'avais là quelque chose
Peut-être.

      A Céline et à Pierre.

          Et maintenant, à quand la noce?

PIERRE

                              Allez,
Vous nous la baillez belle avec vos démêlés.
Vos départs, vos retours, vos discours longs d'une aune,
Et vos airs rodomonts qui nous font rire... jaune.

D'AUBIGNÉ

Chut, silence. Allez voir à deux pas si j'y suis,
Et vous saurez bientôt, ingrats, ce que je puis.

Pierre et Céline sortent par la porte du premier plan à gauche.

A part lui.

Par Calvin! ma promesse était aventurée;
Mais, grâce à mon talent, la faute est réparée.
Que ceci, D'Aubigné, te serve de leçon.
Pour mettre ta parole au-dessus du soupçon,
Garde-toi désormais de pareils épisodes;
Sois l'homme-roc qu'Horace a décrit dans ses odes,
Sois ferme en tes desseins, prudent, et ne permets
Jamais l'ombre d'un doute alors que tu promets,
Dusses-tu, pour tout lot de ta franchise austère,
Mourir pauvre, exilé sur quelque coin de terre.
Crois-moi, le seul honneur qui vaille est à ce prix.

Apercevant Olivier et Jacques.

Les voilà. Vive Dieu ! je serais bien surpris,
Lorsque le sort enfin me donne carte blanche,
Si de ces deux forbans je n'avais ma revanche.

Il se tient caché au deuxième plan à gauche.

SCENE IV

JACQUES, RINFLARD.

RINFLARD

Que le diable t'emporte et t'égrangle, animal!

Il ne l'eût plus manqué que de te trouver mal
Quand, appelant à lui ses prétendus ancêtres,
Il te parlait de Pons et de tes anciens maîtres,
Et de cent qualités que le riche en autrui
Exige d'autant plus qu'il s'en dispense, lui!
C'est toi qui m'as tenté pour me trahir ensuite.
Il ne nous reste plus de salut que la fuite,
Car, sans doute, l'arrêt est déjà prononcé;
Prendre la clé des champs était le plus pressé,
Mais on ne va pas loin sans argent. Que je t'offre
La moitié de celui qui reste dans mon coffre.
Accepte sans compter et vite détalons.
Je sens les alguazils déjà sur nos talons;
Qui sait dans un moment s'il sera temps encore!
— Ma fille! mais où diable est-elle? La pécore
N'attend seulement pas mon retour! Pierre était
Cependant avec nous! Que le cœur me battait
Au moindre mouvement de tes lèvres! La gorge
Me brûlait. — C'est cela! j'imagine, je forge
Une histoire qui doit nous enrichir tous deux;
(Rien de plus simple au monde et de moins hasardeux!)
Un conte que déjà se répétait la foule...
Et, patatras, voilà que notre espoir s'écroule
Dès qu'un enfant, avec des larmes dans la voix,
Rappelle à monsieur...

JACQUES

Dam! le passé... d'autrefois!

RINFLARD

Phrases que tout cela, lieux communs, faribole
Dont je n'eusse donné pour ma part une obole,
Et qui te clouaient là, de remords combattu,
Maladroit!

JACQUES.

Maladroit, si tu veux, mais, vois-tu,
Compère, j'aime mieux greloter dans mon bouge,
Souffrir la faim, la soif, que de sentir le rouge
Qui me montait au front sous ces yeux de Satan.
Je croyais plus aisé d'être fripon...

RINFLARD.

Va-t'en. *

JACQUES.

Et, bien que le métier soit couru Dieu sait comme,
Le plus sage est encor de rester honnête homme.

SCENE V

RINFLARD, D'AUBIGNÉ, JACQUES.

D'AUBIGNÉ.

Bien dit, Jacques; retiens la leçon désormais,

* Rinflard, Jacques.

Et suis-la.

JACQUES.

Monseigneur...

D'AUBIGNÉ.

Mieux vaut tard que jamais.

A Rinflard.

Quant à toi, maître drôle, expert en fourberies,
Attends, que je démasque aussi mes batteries.
Tu ne m'attendais pas sitôt? mais, comme toi,
Rien n'a pu m'arrêter dans mon *vol*. Eh bien! quoi?
Déjà tu prends la mouche et te contiens à peine,
Pour si peu!

RINFLARD, *tremblant et demandant grâce.*

Monseigneur...

D'AUBIGNÉ.

Attends, je suis en veine,
Et je n'ai pas fini. Mais d'abord, arrêtez
Les yeux sur ces mignons dans la cour appostés,
Bras à moi, trop heureux de tirer au papiste,
Et suivant le gibier d'une lieue à la piste.
Joyeux *Enfants-Perdus*, dont les balles, mon cher,
A travers les fourrés ont appris à voir clair.
Que si vous préférez le plomb à la potence,
Libre à vous. L'un vaut l'autre. Il faut que la sentence
S'exécute. Ce n'est qu'un quart-d'heure à passer,
Un quart d'heure qu'on n'a pas à recommencer...
C'est dit, n'en parlons plus. Le châtiment est mince.

RINFLARD

Par pitié...

D'AUBIGNÉ

Toutefois, comme je suis bon prince,
Et qu'il me suffit, moi, du nom qui m'est rendu,
Si pour n'être, mon cher, canardé ni pendu,
Vous teniez à conclure un bon marché, peut-être
S'entendrait-on. Qu'un jour je sois en tout le maître,
Et je pars, et l'arrêt n'est pas exécuté.

RINFLARD, *plus tremblant que jamais.*

Monseigneur, qu'il soit fait à votre volonté.

D'AUBIGNÉ

C'est bien.

SCENE VI

RINFLARD, D'AUBIGNÉ, *un peu en arrière,* GENS
D'ARMES et VILLAGEOIS *descendant la scène,*
JACQUES, CÉLINE, PIERRE.

D'AUBIGNÉ

Venez, messieurs, remercier votre hôte
Qui, lorsqu'il est en train d'égards, ne se fait faute
De festoyer gaîment amis comme ennemis.

Dès ce soir, par ses soins, le couvert sera mis,
Et la cave surtout est à votre service.

RINFLARD

Ma cave!

D'AUBIGNÉ *à Rinflard.*

Auriez-vous mieux aimé que je suivisse
Une autre voie? Ah! ça, si l'on n'est plus d'accord,
Vous avez le champ libre à renoncer encor.
C'est conclu, n'est-ce pas?

A ses compagnons.

De plus, monsieur marie
Sa fille unique, et veut qu'on s'amuse et qu'on rie
A la noce.

A Céline et à Pierre qui rentrent en tremblant.

Venez, mes pauvres amoureux;
Embrassez votre père, et puis... soyez heureux.
Je vous bénis.

RINFLARD

Eh! mais...

D'AUBIGNÉ *à Céline, en regardant Rinflard.*

Ce saint homme de père,
En l'en priant un peu, daignera bien, j'espère,
Vous accorder en dot la moitié de son bien?

RINFLARD

Pour le coup...

D'AUBIGNÉ *continuant.*

La moitié, cela leur fait combien?
Trois cents livres, voyons! Est-ce trop, trois cents livres?
Trois cents livres d'abord, puis nous verrons ses livres.

A ses compagnons.

Oh! ses pareils ne font les choses à demi
Qu'à bon escient.

        A part-lui, avec un sourire amer.

           Témoin, la Saint-Barthélemi!

A Céline et à Pierre.

Eh bien! ai-je tenu, jeunes gens, ma promesse?
Souvenez-vous de moi, fût-ce même à la messe.
Un jour, s'il est un terme à nos sanglants débats,
Un jour je reviendrai, harrassé des combats,
Sans gêne, sans façons,

        Désignant ses compagnons.

          et surtout sans escorte,

   Appuyant sur les mots.

Comme un ancien ami frapper à votre porte;
Et vous m'accueillerez comme tel, j'en suis sûr.

   A lui-même avec amertune.

J'étais né, je le sens, pour ce bonheur obscur,
Le seul qu'à son enfant eût souhaité ma mère.
Mais qui peut ici bas poursuivre sa chimère !
Adieu, les rêves d'or de mes premiers beaux jours,
Mes études, adieu... sans doute pour toujours.

   A ses compagnons.

Pardonnez cette larme à mes yeux échappée.
La plume dans ma main à fait place à l'épée,
Et, bien que la science ait pour moi des appas,
Nous ferons de l'histoire et n'en écrirons pas.
A moins peut-être... car de soi qui peut répondre!
Le moindre événement suffit à nous confondre

Et rien n'est stable;

Accentuant.

mais nos frères égorgés
Avant cela par nous aurons été vengés.
Toi, Jacques...

JACQUES

Monseigneur...

D'AUBIGNÉ

Que ta faute passée
Reste longtemps encor présente à ta pensée,
Et qu'un premier faux pas au chemin de l'honneur.

PIERRE

Oh! le brave jeune homme!

CÉLINE

Oh! l'excellent seigneur!

D'AUBIGNÉ

A table! Que le temps perdu se récupère!

A Pierre et à Céline.

Vous, tombez aux genoux de ce digne et bon père.

LES GENS D'ARMES

Vive Olivier Rinflard, notre hôte vénéré!

RINFLARD, *comme se réveillant d'un mauvais rêve
et prenant son parti.*

Mieux vaut goujat debout qu'empereur enterré.

FIN.

71

www.ingramcontent.com/pod-product-compliance
Lightning Source LLC
LaVergne TN
LVHW022201080426

835511LV00008B/1492